AF250920

ÉLOGE

DE

JOSEPH-AUGUSTIN

DE MAILLY,

MARQUIS D'HAUCOURT, CHEVALIER DES ORDRES DU ROI, MARÉCHAL DE FRANCE, LIEUTENANT-GÉNÉRAL DU ROUS-SILLON, ET COMMANDANT EN CHEF DE CETTE PROVINCE;

OUVRAGE COURONNÉ

PAR LA SOCIÉTÉ D'AGRICULTURE, ARTS ET SCIENCES DU DÉPAR-TEMENT DES PYRÉNÉES-ORIENTALES, AU CONCOURS DE 1820.

PAR M. JAUBERT-CAMPAGNE,

Avocat, membre de ladite Société.

Clarorum virorum facta moresque posteris tradere antiquitùs usitatum.

TACIT. vita Agricolæ.

A PERPIGNAN,

Chez J. *Alzine*, Imprimeur de S. A. R. MONSIEUR, frère du ROI.

1821.

ÉLOGE

DE

J.ᴴ-Augustin De MAILLY,

Marquis d'Haucourt, Chevalier des ordres du Roi, Maréchal de France, Lieutenant-général du Roussillon, et Commandant en chef de cette Province.

CONDAMNÉ par la nature à ne vivre que quelques instans au milieu des misères et des souffrances, l'homme, par le sage emploi de ses talens, par l'exercice des plus nobles vertus, parvient à se créer de nouvelles destinées. S'il consume ses jours dans le coupable isolement de l'égoïsme, s'il les compte dans le triste repos de l'oisiveté, voyageur inconnu sur cette terre d'un moment, étranger à tout ce qui l'environne, il se traîne péniblement jusqu'au tombeau, où s'engloutissent à la fois les débris et les souvenirs de son existence. Mais, a-t il attaché son nom à des travaux utiles, agrandi la sphère des sciences et des arts, soulagé les douleurs de l'humanité, en répandant au tour de lui les dons de la bienfaisance ; vainqueurs du trépas, sa gloire et son nom passeront d'âge en âge à la dernière postérité. Heureux le mortel qui dans l'obscurité de la vie privée, sut éterniser son avenir dans la mémoire et dans le cœur des hommes. Plus heureux encore le grand de la terre, qui, au milieu de la corruption de son siècle et des dangers de l'opulence , fonda son immortalité sur des jours consacrés à l'observation des devoirs , à la pratique des vertus , à la félicité de ses concitoyens , et à la gloire de sa patrie.

Tel fut le Comte JOSEPH-AUGUSTIN DE MAILLY , *Marquis d'Haucourt, Chevalier des ordres du Roi, Maréchal de France, Lieutenant-général du Roussillon , et Commandant en chef de cette Province,* que l'armée française compta parmi ses héros , le trône parmi ses plus nobles appuis, la révolution parmi ses plus illustres victimes. Tel fut ce vertueux mandataire de nos Rois, qui , par le bienfait des institutions les plus généreuses , rendit le Roussillon digne du beau titre de Français , que lui garantissait à jamais le traité des Pyrénées.

En cédant au besoin d'acquitter la dette de son coeur , de répondre aux voeux qui invoquent la voix des anciens souvenirs en faveur du restaurateur de la patrie , l'écrivain ne doit pas redouter la tâche qu'il s'est imposée : les faits glorieux dont se compose la vie du comte DE MAILLY , les actions généreuses dont elle s'embellit, les grandes pensées qui en ont rempli le cours , forment , par euxmêmes , un tableau si riche d'intérêt, qu'il doit faire oublier la faiblesse du pinceau qui osa le tracer. Guerrier dans les camps, citoyen dans nos cités, français généreux , dans les jours paisibles de l'ancienne France , comme dans les jours orageux qui terminèrent le dernier siècle , MAILLY fut le modèle de toutes les vertus civiles et militaires ; et aux beaux exemples que nous prodigue sa longue carrière, se joint la leçon sublime de sa mort , où brillèrent dans toute leur gloire , la grandeur du vrai courage et l'héroïsme de la fidélité.

Le comte DE MAILLY était l'héritier d'un nom , célèbre dans les temps les plus reculés (1). Il était presque le dernier descendant d'une famille, qui, par la multiplicité, par l'importance de ses services , par la splendeur de ses alliances, fut dans tous les âges de la monarchie , l'ornement et le soutien du trône de nos Rois (2). Déjà , au milieu du dixième siècle , Anselme DE MAILLY, commandait les armées des comtes de Flandre , et administrait leurs États. Les annales de la France , depuis le règne de Philippe Auguste jusques au règne de François I.er , attestent la vaillance , les hauts faits , les vertus de cette race de héros et de sages. Les annales des siècles suivans apprirent au comte DE MAILLY , que ses ancêtres n'avaient jamais cessé de se distinguer dans les postes de l'administration , dans les rangs des braves ; que plusieurs de ces preux avaient trouvé un noble trépas au siége de Rouen , à celui de Romans et de la Fère ; que les tombeaux de leurs fils étaient sous les murs de Dixmude et sur les champs de bataille d'Avein et de Steinkerque.

Que cet héritage de souvenirs glorieux était

doux à recueillir, mais qu'il était difficile à conserver ! Quel poids que celui d'un nom qui s'attachait avec tant d'éclat à toutes les époques militaires de notre belle France ! MAILLY n'en fut pas effrayé ; il voulait, sur les traces de ses pères, marcher dans la carrière du devoir et de l'honneur, et conquérir cette illustration personnelle, qui laisse, sans rougir, interroger l'histoire des aïeux, et se parer de leurs titres de gloire.

Destiné par sa naissance aux premiers grades de l'armée, appelé par ses qualités à briller un jour parmi ses héros, le comte DE MAILLY traversa dans le silence de l'étude ses jeunes années. Louis XV reçut ses premiers services dans sa gendarmerie écossaise, corps d'élite qui avait vu des souverains fiers de le commander. C'est dans ses rangs, où Schomberg s'était distingué, qu'il devait se distinguer à son tour, pour parvenir comme Schomberg à l'honneur de commander les armées françaises.

Depuis vingt ans, la France jouissait d'une paix profonde, dans laquelle s'étaient écoulés les derniers jours du grand Roi, et l'enfance de son successeur. Cependant une jeunesse brillante et fatiguée de repos désirait les combats pour y chercher sous les yeux de son Souverain une mort glorieuse, ou le chemin des honneurs. Les vétérans de l'armée, Berwick, Villars, Noailles, brûlaient de renouveler, avant de descendre au tombeau, les anciens triomphes des armes françaises, et de venger leurs derniers désastres. Tout ne parlait que de gloire, tout ne respirait que la guerre, autour d'un Roi jeune et français. Fleury, seul, s'efforçait, de sa main octogénaire, d'arrêter ce Roi qui fut son élève dans les douceurs de la paix, dont il avait cherché à lui inspirer l'amour, à lui faire apprécier les bienfaits : mais des circonstances extraordinaires entraînèrent ce vieillard lui-même, et la guerre fut résolue.

Auguste avait cessé de vivre ; la Pologne n'avait plus de Roi. Les suffrages de ses peuples, les intérêts de la France, les vœux de Louis XV replaçaient sur la tête du sage Stanislas, la couronne dont la force l'avait depuis long-temps dépouillé. La politique de l'Autriche, les armées de la Russie avaient imposé un autre Maître aux malheureux Polonais. La liberté de l'élection que le Roi de France avait juré de protéger, l'injure qu'avait reçue le père de cette jeune Reine, dont le souvenir rappelle toutes les vertus, rendirent légitime et nécessaire cette guerre si impatiemment attendue. Des alliances se formèrent ; et tandis qu'une armée combinée menaçait Charles VI dans ses possessions d'Italie, une armée toute française, passait le Rhin et marchait sur les provinces méridionales de l'empire.

C'est dans cette campagne que le comte de MAILLY fit ses premières armes. C'est au siége de Kell que, sous les yeux de Berwick, il cueillit ses premiers lauriers. Dans les campagnes suivantes il se distingua

1**

à l'attaque des lignes de Stolophen, au siége de Philisbourg, au combat de Clauzen. Lorsque la paix suspendit le cours de ses glorieux travaux, il rentra dans sa patrie, portant sur son cœur le témoignage honorable qu'il avait mérité dans un petit nombre de campagnes le prix des longs services. MAILLY avait fait compter ses exploits, et non pas ses années.

La guerre qu'avait allumée l'élection du Roi de Pologne était à peine terminée par le traité de Vienne, que la succession d'Autriche enfantant de nouvelles divisions, donna le signal de nouveaux combats. Les grandes puissances de l'Europe coururent aux armes. La France reporta ses armées au-delà des Alpes comme sur l'autre rive du Rhin.

Un prince législateur et guerrier, qui, par son génie, autant que par la force de ses armes, rend célèbre une monarchie naissante, et se place parmi les premiers potentats ; un Roi qui, par sa faiblesse, expose un grand peuple à déchoir du rang que des siècles de travaux et de victoires lui avaient acquis parmi les grandes nations ; le maître du plus beau trône de l'Univers, qui sacrifie le rôle glorieux d'arbitre de l'Europe, et la prospérité de son Royaume à quelques ambitions particulières, les douceurs d'une paix honorable aux malheurs d'une guerre injuste ; une Reine dépouillée d'une partie de ses états, poursuivie par une ligue puissante, qui trouve dans sa grandeur d'âme la force de résister à ses revers , et dans l'amour de ses peuples , les moyens de les réparer ; tel est le tableau que cette époque mémorable présente aux méditations des hommes et au burin de l'histoire. La tâche du citoyen qui consacre ce faible hommage au protecteur de son pays, est de rechercher au milieu des grands événemens du dernier siècle , de montrer la route glorieuse que parcourait le comte DE MAILLY , pour parvenir aux premiers grades de l'armée , pour mériter l'estime de son Roi , et l'amour de ses concitoyens.

A peine les pays ennemis ont vu flotter les drapeaux français , et déjà il a signalé sa valeur à l'attaque de Danurens. Braunaw l'a vu debout sur les ruines de ses remparts. Bientôt, appelé parmi les officiers supérieurs de l'armée , l'attaque de Weissembourg est une nouvelle preuve qu'il était digne de cet honneur (3).

Renfermé dans son camp , défendu par des travaux immenses, l'ennemi brave les efforts de l'armée française. Semblable à l'oiseau du rocher qui s'élance pour surprendre une proie facile, et se hâte de regagner avec elle son inaccessible retraite , l'Autrichien ne quitte ses lignes que pour fondre sur des corps entraînés par leur valeur sous le feu de ses batteries. Combats faciles , où l'assaillant a toujours le nombre pour garant du succès , vous ne servîtes qu'à montrer, dans tout son jour, ce courage, à toute épreuve , convaincu , dans son noble or-

(8)

gueil, que plus les sentiers de la gloire sont difficiles, plus il est doux d'en cueillir les fruits !

Deux régimens de l'armée de France n'ont pu soutenir le choc d'une nombreuse cavalerie. MAILLY a
vu leur défaite ; il brûle de la venger. Envain n'a-
t-il autour de lui que cent cinquante gendarmes,
il s'élance avec eux, il combat à leur tête. Le
nombre, le courage, rien ne résiste à sa valeur.
L'ennemi vaincu ne trouve son salut qu'en se re-
pliant sur ses lignes, soutenu par son infanterie :
il ose les quitter encore. Un second combat est,
pour un héros, une seconde victoire, et la liberté
de quarante officiers perdus, dès le commencement
de l'action, est le prix de son heureuse audace,
couronne ce succès éclatant (4).

Le guerrier avait sa récompense ; MAILLY en
méritait une autre, et Louis XV sut la lui accorder :
qui ne connaît le prix que le français attache au
suffrage de son Roi ? Et quel dut être le bonheur
du sujet fidèle, lorsque, en présence de l'armée, le
petit-fils de Louis-le-Grand lui adressa ces mots :
*Comte, vous avez fait des prodiges à la tête de ma
gendarmerie, je saurai vous en marquer ma
satisfaction !*

A la fin de cette campagne, Fribourg tomba
sous les foudres de l'artillerie française ; MAILLY
hâta par sa bravoure le succès du siége.

Bientôt après, Maréchal de camp, il fut appelé
à l'armée d'Italie, où ce nouveau grade lui commanda de nouveaux travaux (5).

(9)

Une brillante audace , une bravoure à toute-
épreuve, les palmes que son bras sut arracher aux
champs de la gloire , n'ont mérité jusqu'à ce
jour au comte DE MAILLY , que le titre de soldat :
il se montrera désormais l'un de ces hommes pri-
vilégiés , qui , sur les champs de bataille, au milieu
des dangers , en présence même de la mort , con-
servent et le calme des sens et la force de l'âme et
la liberté de la pensée. Il alliera à ce brillant courage, déjà vieilli dans les exploits , et ce sang froid
qui calcule les projets de l'ennemi , et ce talent
qui les déjoue , et ce coup-d'œil , dont la rapidité
n'exclut pas la justesse, qui suit tous les événemens des combats , et en maîtrise le succès. Guidé
par son génie, on croira qu'une longue expérience
lui a prêté son flambeau ; et aux lauriers qui parent
le jeune front du héros de Weissembourg , se join-
dront quelques-uns de ceux qui couvrirent les
cheveux blancs des vainqueurs de Denain et de la
Marsaille.

Une campagne pleine de succès semblait annoncer de plus grands succès encore , dans celle
qui allait s'ouvrir en Italie. L'alliance de Gênes
avait fait disparaître pour nos soldats ces montagnes de neige , ces Alpes menaçantes , remparts
éternels que la nature semble avoir élevés pour
la défense de cette contrée. Le Roi de Naples
avait vengé ses défaites ; le duc de Modène était
rentré dans ses Etats ; le Pô voyait le drapeau

blanc flotter sur les cités qui couvrirent ses rives; Don Philippe avait planté l'étendard des Castilles sur les tours de Milan : quelques efforts encore , et l'Italie entière était notre conquête. Mais l'Autriche alarmée s'était hâtée de conclure la paix de Dresde. Le jeune Lichtenstein rassemblait sur les frontières de la Lombardie une armée nombreuse et aguerrie ; bientôt des lauriers flétris ne devaient laisser aux Rois alliés, que les tristes souvenirs de leurs dernières victoires.

Ce fut dans cette campagne qui, des plaines de la Lombardie , reporta l'armée française en deçà des Alpes que le comte DE MAILLY vint servir sous les ordres du maréchal de Maillebois.

Après l'affaire d'Asti , à la tête d'un corps de réserve, comme pour servir de dernier retranchement à l'honneur français , il fut chargé de protéger une retraite que les premiers revers avaient rendue nécessaire : au milieu de ses triomphes , Lichtenstein s'arrête sur les bords du Tanaro ; MAILLY a osé lui en disputer le passage , et sa longue résistance a sauvé la plus belle portion de l'armée.

A la bataille de Plaisance , il a mérité de commander l'aile droite. L'ardeur qu'il inspire à ses soldats seconde la sagesse de ses dispositions ; tout cède à ses nobles efforts. L'ennemi vaincu fuit de toutes parts. Forcé dans les retranchemens qu'il avait élevés sur la Trébie , il a vu tomber le château d'Orsolengo , il ne peut échapper à sa dernière heure. Tout-à-coup il s'arrête, des cris de joie succèdent à son morne silence ; ces cris apprennent aux français que l'impétuosité a cédé devant la tactique , que la valeur a succombé sous le nombre, que Plaisance a vu se renouveler presque tous les malheurs de Pavie , et protégé sous ses remparts les restes de leur armée.

MAILLY a donné aux soldats l'exemple de l'intrépidité dans les jours de bonheur ; dans ceux de l'infortune il se montrera aux plus anciens généraux le digne émule de leurs talens et de leur expérience.

Au milieu d'une contrée étrangère , sans appui, sans secours , sans espoir , il doit abandonner ses positions , renoncer à ses conquêtes. L'honneur et le devoir lui commandent de réunir aux colonnes vaincues les bataillons qu'il conduisit à une victoire désormais inutile. Il marche en silence , d'habiles manœuvres , des combinaisons savantes , ont long-temps dérobé à l'ennemi le secret de sa retraite. Cependant une cavalerie nombreuse s'attache à sa poursuite et l'a bientôt dévancé. Confiante dans ses masses , orgueilleuse de son dernier triomphe , elle veut faire partager aux troupes qui formaient l'aile droite le destin du reste de l'armée. Vains efforts ! ses batteries sont renversées , ses rangs épais sont détruits ; à travers mille morts , MAILLY a su retrouver le chemin de Plaisance. Quatre bouches à feu , 150 prisonniers attestent ce beau fait d'armes. Les français ont embrassé leurs frères, et le camp retentit de ce cri chéri de *vive le Roi* ! qui le consola toujours dans l'infortune , et fut toujours le présage ou le signal de nouvelles victoires (6).

Les débris de cette armée, naguères si glorieuse de ses succès, accablée par un désastre qu'elle avait prévu, mais qu'elle n'avait pas voulu fuir, abandonnait peu de temps après cette Italie, théâtre de tant de guerres, objet de tant d'ambitions ; ce vaste champ de bataille , où les lauriers de la France ne s'élevèrent jamais que pour ombrager les tombeaux de ses enfans. Poursuivie par les Autrichiens, menacée par les troupes de la Sardaigne, une armée affaiblie par ses anciens combats, moins encore que par ses derniers revers , sera-t-elle rendue à la France? Oui , sans doute , le jeune Maillebois veille sur ses destinées ; il a parlé le langage de l'honneur , elle présente encore aux ennemis un front menaçant. MAILLY chargé de protéger sa retraite , renouvelle sur les rives du Pô les journées du Tanaro , embrase les ponts, et revient partager avec elle les palmes d'une dernière victoire au Tydon, et le bonheur d'embrasser enfin la terre de la patrie(7).

Déjà la guerre n'est plus au-delà des frontières ; le Dauphiné, la Provence sont envahis (8). L'ennemi croit-il ajouter dans nos Provinces de nouveaux trophées à ceux que lui livra la fortune dans les plaines de la Lombardie ? Sous un ciel étranger, victime d'un découragement qui affaiblit son bras et égara sa valeur, le français a été vaincu ; il n'avait que des conquêtes à défendre : sur les tombeaux des anciens Gaulois, ses illustres aïeux, il combat pour sa patrie, pour son Roi, pour l'honneur, rien ne peut le vaincre. L'étranger a foulé la terre sacrée, la venger ou mourir, tel fut alors, tel serait encore aujourd'hui le serment de l'armée française, qui compta de tous les temps le nombre de ses braves par celui de ses soldats.

Qu'il était digne de commander dans cette armée de citoyens et de héros, ce MAILLY, dont le cœur palpitait au seul nom de son Roi, au seul souvenir de sa patrie ! ce MAILLY, qui, dans quelques années, s'était élevé jusqu'aux premiers honneurs militaires, sans autre faveur que son courage, sans autres protecteurs que ses exploits ! aussi le poste du danger fut-il toujours le sien, lorsque reprenant l'offensive les français délivraient leurs provinces des ennemis qui les ravageaient.

Le passage du Var fut pour lui une nouvelle occasion de gloire (9) ; son activité couvrit le siége de plusieurs Villes. Au funeste combat d'Exiles, il ne quitta le champ de bataille qu'après avoir fait des prodiges de valeur, que long-temps après avoir été atteint d'un coup de feu (10). Mais cette blessure ne put lui faire oublier le salut de l'armée ; et les retranchemens que son génie courut élever dans le Dauphiné, attestèrent à la fois la profondeur de ses connaissances dans la guerre, l'amour qu'il portait à nos foyers, et ce courage qu'un revers pouvait trahir, mais que rien ne pouvait ébranler (11).

Le traité d'Aix-la-Chapelle rendit à l'Europe la paix dont elle éprouvait le besoin. L'Autriche y trouva le calme nécessaire à la formation de nouvelles armées, Frédéric les moyens d'affermir sa monarchie naissante, l'Italie le retour de sa seconde félicité, Louis XV l'accomplissement de tous ses vœux, le repos de la France.

Le Comte DE MAILLY reçut alors de nouveaux gages de la confiance de son Roi ; il fut créé lieutenant-général de ses armées (12) et commandant en chef du Roussillon (13).

Cette Province ne put jouir que quelques instans du bienfait de sa présence. Une nouvelle guerre était déclarée ; l'honneur de la France appelait ses guerriers dans ses camps, et l'habitant des Pyrénées ne vit plus que dans un avenir lointain l'aurore des beaux jours qu'il s'était promis.

Au milieu de la paix, par un de ces lâches attentats qui déshonorent les annales des nations policées, et dont l'impunité replongerait par les routes de la démoralisation les peuples civilisés dans la barbarie des premiers âges, l'Angleterre s'était emparée de deux vaisseaux français. Louis XV outragé dans ce qui fut toujours pour nos Rois le premier des biens, l'honneur de la France, avait déjà vengé son injure dans le nouveau monde qui en avait été le témoin. Les anglais vaincus sur l'Ohio, avaient été vaincus une seconde fois sur le lac George ; sur les côtes de la Martinique, à la vue d'un vaisseau de ligne qui n'avait point pris part au combat, pour ne pas ternir son exploit, une simple frégate avait forcé le Warwik, malgré sa masse et la supériorité de ses forces, d'amener son pavillon. Dans nos mers, la Galissonnière avait débarqué sur les plages de Minorque, Richelieu et ses français ; l'Amiral Binck, cachait dans Gibraltar la douleur de n'avoir pu vaincre nos flottes ; la nature et l'art n'avaient pu défendre le fort Philippe contre la bravoure de nos soldats, tout faisait craindre à l'Angleterre l'envahissement et la perte de ses provinces d'Allemagne.

Acheter son salut par le bouleversement et la ruine des autres Etats, telle fut toujours l'affreuse politique de cette puissance. Le Roi de Prusse fut alors le levier dont elle se servit pour ébranler l'Europe. Marie-Thérèse menacée dans ses Etats, dans les provinces de l'Empire, heureuse de l'alliance, que naguère elle avait formée avec la France, n'invoqua pas envain l'exécution du traité de Ve-sailles. Mais ce n'était pas avec le faible secours stipulé dans ce traité que Louis XV pouvait, à la fois, et soutenir l'honneur de ses armes, et défendre utilement son alliée, toutes les forces

militaires de son Royaume furent portées en Allemagne. Tandis qu'une armée considérable se réunissait dans la Bohème, soixante mille hommes et
d'Estrées occupaient la Westphalie. Ainsi l'Angleterre, qui avait cru, en suscitant une guerre
injuste aux alliés de la France, écarter le fléau
de celle qui menaçait ses Etats héréditaires,
hâta le châtiment de sa perfidie par les moyens
même que son odieuse politique avait tramés pour
en assurer l'impunité.

Retranché derrière le Weser, le duc de Cumberland, voulut envain défendre les Provinces an-
glaises. La bataille d'Hastenbeck décida du sort
du Hanovre, des Etats de Brunswick, de Zell et
de Lunébourg; le comte DE MAILLY s'y rendit par
de nouveaux exploits, digne des honneurs militaires qu'il avait reçus comme le prix des anciens
services.

A la tête de sa colonne, il marcha contre une
batterie sur laquelle l'ennemi faisait peut-être reposer l'espoir de cette journée. Peu d'instans ont
suffi, et ces bouches à feu, qui portaient la mort
dans les rangs français, ne tonnent plus que pour
précipiter la retraite de ceux-là même qui avaient
fondé dans leurs secours leurs plus précieuses espérances (14).

Poursuivi par Richelieu, repoussé jusques au
fond du Hanovre, le duc de Cumberland sollicita
et obtint un armistice. Cette trève permit aux français

çais de réunir vingt-cinq mille hommes à l'armée des Cercles , qui opérait pour rendre à l'Electeur de Saxe ses Etats envahis par Frédéric. Le comte DE MAILLY commanda l'un des corps de cette armée, dont l'histoire a conservé le triste souvenir. Au milieu des revers qu'elle éprouva , il ne cessa pas d'être lui même , et la fatale journée de Rosbach lui assura de nouveaux droits à l'amour des français , à l'estime des ennemis, à la reconnaissance de la patrie.

Qui n'a pas mouillé de ses larmes la page de l'histoire où fut inscrite la bataille de Rosbach ! Quel français n'a pas rougi devant le pénible tableau des fautes des chefs, de la terreur des alliés , et de cette facile victoire , qui, changeant les destinées de la Prusse, ferma sous les pas de Frédéric l'abyme qu'il ne pouvait éviter , et dans lequel il voulait se précipiter lui-même. Au milieu de ce grand désastre , le cœur ému cherche des consolations ; il ne les trouve que dans la valeur de nos soldats , et dans les faits d'armes particuliers qui illustrèrent leur défaite. Parmi de grands exploits, l'histoire n'a pas oublié la belle conduite du comte DE MAILLY; ses deux brigades de cavalerie eurent à combattre la gendarmerie du Roi de Prusse : une réputation longuement acquise , une résistance opiniâtre , ne purent défendre cette troupe d'élite. Enfoncée de toute part, elle porte le désordre dans l'armée de Frédéric , étonné d'être vaincu sur un point, lors=

qu'il croyait sa victoire achevée. Consumé par les efforts généreux, qui avaient quelques instans doublé ses forces, MAILLY ne peut poursuivre ce premier succès. Bientôt, entouré par des corps nombreux, il doit chercher la fuite ou trouver la mort. Combattre et mourir, est l'unique vœu de son grand courage. Il rassemble quelques soldats que le glaive et le feu n'ont pas encore moissonnés ; il se précipite avec eux au milieu des bataillons vainqueurs, et n'abandonne son épée que lorsque accablé par le nombre, trahi par ses forces, noyé dans son sang, il tombe expirant entre les mains des ennemis.

Frédéric, cet homme extraordinaire, qui battu à Rosbach eût vu s'écrouler cette monarchie que son bras avait défendue contre l'Europe armée, ce digne appréciateur des talens militaires, rendit une justice éclatante à ceux que venait de déployer le comte DE MAILLY. Général, lui dit-il, lorsque ceux que le destin du combat avait fait prisonniers lui furent présentés : *vous m'avez donné de l'inquiétude ; pourquoi ne vous avait-on pas fait commander toute la cavalerie ?* Paroles mémorables que la vérité inspira, et que l'histoire a recueillies, vous fûtes à la fois et le témoignage irrécusable de la valeur du héros, et la satyre de ceux qui auraient dû rendre plus de justice à ses talens, et les employer plus utilement pour la gloire de la France (15).

La captivité, cette situation pénible qui sépare l'homme de tous les objets de ses affections , qui semble le rendre étranger à tout ce qui l'entoure , ne servit qu'à montrer dans le comte DE MAILLY l'ame la plus sensible et le cœur le plus aimant. D'autres français gémissaient avec lui loin de leur patrie ; dévorés par le chagrin, consumés par le besoin , ils ne vivaient que pour souffrir. MAILLY les consolait par ses secours, il les fortifiait par son exemple. Toujours au-dessus des événemens les plus funestes , il leur montrait la France riche encore de son antique gloire et de son brillant avenir , appelant de tous ses vœux des enfans malheureux et séparés d'elle. Les dettes que contracta sa généreuse sollicitude pour ses frères d'armes dans les fers, le rendirent plus cher à cette armée, qui trouva son bienfaiteur dans celui qu'elle nommait avec orgueil parmi ses premiers capitaines.

Il soupirait cependant après l'instant où il pourrait revoir la terre de sa patrie. Frédéric confiant dans cette promesse de l'honneur que le vrai français ne trahit jamais, la rendit à ses vœux. Il quitta la Prusse , honoré de l'estime de son Roi , et de l'affection d'un de ses Princes, qui crut, en le perdant , avoir perdu son meilleur ami (16). O vertu ! tels sont tes priviléges ! Dans quelque situation pénible que l'homme soit jeté , s'il reste fidèle à tes lois, tu sèches ses larmes tu le consoles ; en lui donnant des amis dans ceux-là même qui pouvaient ajouter à ses infortunes.

2*

A peine en France, le comte DE MAILLY, se hâta de reprendre le commandement du Roussillon, et de se montrer pour la seconde fois à une Province dont il s'était promis le bonheur. Il ne lui fut pas encore permis de réaliser cette généreuse espérance ; sa parole lui avait rendu la patrie, son échange le rendit à l'armée, qui le vit ajouter à ses anciens lauriers les palmes nouvelles que lui réservaient la bataille de Corback, l'occupation de la Hesse, la reprise de Cassel, et ces nombreux combats où tour à tour la victoire et la défaite présentèrent à l'alégresse ou à la douleur des français, les noms de Richelieu, de Broglie, de d'Estrées et de Soubise (17).

Dans ces dernières campagnes, MAILLY remplit un devoir sacré pour son cœur, il ouvrit à son jeune fils la carrière dans laquelle s'étaient illustrés ses ancêtres, qu'il avait lui-même parcourue avec tant d'éclat : au combat de Grebestein, ce fils sa plus chère espérance combattit pour la première fois, et combattit à ses côtés. Si l'armée ne vit pas sans émotion la vieillesse et l'enfance partager les mêmes dangers, montrer la même valeur, avec quel transport le vieux guerrier se vit-il renaître dans un autre lui même ! Heureux de la certitude que les sources d'un sang généreux n'étaient pas taries, fier d'avoir présenté à ses frères d'armes un soldat digne d'entrer dans leurs rangs, aux ennemis l'héritier de ces preux dont ils avaient de tous les temps éprouvé les talens et la bravoure, MAILLY n'arrêta plus avec douleur sa pensée sur l'instant, où son bras vaincu par l'âge serait forcé de déposer sur les autels de la patrie, une épée si long-temps consacrée à la venger où à la défendre (18).

Telle fut la vie militaire du comte DE MAILLY. L'Allemagne, l'Italie, la Hesse, la Saxe, la West-phalie, presque tous les champs de bataille qui, pendant vingt-cinq années, furent témoins de nos nombreuses victoires, et quelquefois de nos revers, attestent ses glorieux travaux. Il y déploya toute la valeur du soldat, tous les talens du général. Parvenu à cet âge, où le repos est un besoin, le reste de ses jours sera-t-il perdu pour la France ? non sans doute : si la paix le ramène dans sa patrie, elle le conduira dans la Province, dont le commandement lui est confié. Là, des travaux plus paisibles lui donneront une gloire plus douce, et ses vertus le rendront aussi précieux à ses concitoyens, que son bras le rendit redoutable aux ennemis de l'Etat.

DEUXIÈME PARTIE.

L'ÉPÉE du conquérant peut ajouter aux Etats de nouvelles Provinces ; la sagesse du Monarque peut seule les conserver : la force fait des esclaves ; l'amour seul crée des citoyens dévoués, des sujets fidèles. Le traité des Pyrénées avait fixé les destinées du Roussillon (1). Mais il ne suffisait pas aux Rois de France d'avoir réuni à la monarchie cette vallée profonde qui sépare le Languedoc de cette chaîne de rochers sourcilleux, de montagnes escarpées, limites naturelles de deux grands Etats ; il fallait conquérir le cœur de ses peuples. Cependant depuis un siècle, français par devoir et par inclination, l'habitant ne l'était pas encore par reconnaissance. L'amour et la confiance de ses nouveaux Rois n'avaient pas achevé l'ouvrage de la conquête ; les souvenirs des anciennes traditions n'avaient pas disparu devant les nouveaux sentimens que devaient produire, dans des ames généreuses, l'intérêt et la sollicitude d'un gouvernement protecteur.

Le comte DE MAILLY pouvait enfin se livrer aux devoirs de son commandement ; il ne vit autour de lui que des préjugés à combattre, que des préventions à détruire, que des injustices à faire oublier.

Etudier le caractère de l'habitant, écouter ses besoins, compatir à ses souffrances, resserrer les liens qui l'unissaient à la France, en les rendant plus doux et plus légers, furent ses premières occupations. L'architecte qui, sur des ruines informes, a conçu le projet d'élever un édifice majestueux, s'entoure de matériaux, en calcule l'utilité, s'éclaire de l'expérience, sollicite de nouvelles pensées, arrête enfin ses regards sur tout ce qui peut produire un grand ouvrage : ainsi, le chef que le Roussillon venait de revoir, cherchait dans le silence tout ce qui pouvait opérer l'entière régénération d'un peuple digne par ses vertus d'être au niveau des autres français, tout ce qui pouvait fonder la prospérité d'une Province appelée par sa position à rendre à la France d'importans services.

Quel cœur généreux s'imposa jamais une plus noble tâche ! mais quelle en était la difficulté, et quel tableau s'offrait au comte de MAILLY, lorsqu'il interrogea la situation de nos contrées.

Administré comme Province étrangère, le Roussillon ne connaissait les Rois de France que par leur nom, que par la force de leur puissance.

Resserré entre les barrières que l'Espagne opposait à son chétif commerce, et celles que la France avait conservées autour du Languedoc, le Roussillonnais ne vivait qu'avec lui seul.

La nature avait prodigué à son sol tous les principes de la fécondité; d'immenses terrains sans culture offraient aux regards attristés le spectacle de la stérilité et de l'indigence. Le soc des premiers agriculteurs transmis d'âge en âge à une postérité sans industrie, entr'ouvrait tous les ans le même sillon, et ne demandait à une terre fertile que les fruits nécessaires aux premiers besoins de l'homme.

Quelques espaces dans la plaine, quelques sentiers sur les montagnes, étaient les seules voies de communication entre des habitations éloignées, et suffisaient à un peuple sans commerce, comme sans ambition.

Son isolement lui laissait ignorer les mœurs, les lois, la langue de la France; le code de ses anciens Souverains, un idiome particulier, le pouvoir des antiques habitudes, tout se réunissait pour le rendre étranger au Royaume qu'il devait être le premier à défendre.

Les élémens des sciences, les principes des arts étaient inconnus à la masse des habitans; l'instruction n'appartenait qu'à la classe aisée; mais cette instruction n'avait suivi, ni la marche des siècles, ni les progrès des lumières; le Roussillonnais de ces jours n'apprenait que ce que ses ancêtres avaient appris.

A ces causes qui rendaient si difficiles les projets généreux du comte DE MAILLY, il faut joindre le caractère particulier de l'habitant de la Province. Théâtre de la guerre dans tous les temps, elle avait plusieurs fois changé de maître; en traversant les siècles et les dominations, ce caractère était reste le même; le Roussillonnais d'alors, était ce qu'il avait toujours été, ce qu'il est peut-être encore tout entier aujourd'hui ; sévère dans ses principes , ami sûr, citoyen dévoué , sujet fidèle; franc jusques à la rudesse , ses sentimens sont toujours ceux qu'il montre ; il ne sait pas descendre à la flatterie, ni s'avilir jusqu'au mensonge. Fier dans son indépendance, son œil hardi mesure les hommes que des relations d'affaires , ou les postes qu'ils occupent, le forcent de connaître et d'approcher : il les juge avec sévérité, mais avec justice; s'ils sont aimés, c'est à leurs vertus qu'ils le doivent, s'ils sont haïs ce sont leurs défauts qu'ils doivent en accuser. Le bien qu'il voit faire lui montre les hommes qu'il cherche, et qu'il saura estimer. Le bienfait qu'il a dû solliciter n'est plus rien à ses yeux, et la reconnaissance qu'il lui impose , il cherchera à s'en affranchir par les plus grands sacrifices ; ombrageux sur tout ce qui peut porter atteinte à ses droits , ami de ses vieux préjugés , attaché aux usages de ses pères, difficile dans les liaisons, constant dans ses travaux , froid et réservé pour tout ce qu'il ne connaît pas, toute innovation l'effraie , jusques au moment où il a recueilli les preuves de son utilité.

Une expérience éclairée avait appris au comte DE MAILLY , que l'amour de la patrie et du Souverain est le plus fort comme le plus doux des liens sociaux ; que les nombreux rapports entre toutes les Provinces d'un même Royaume , créent et l'esprit public et des mœurs nationales ; que l'agriculture est la source féconde des richesses de l'Etat, et des richesses du particulier ; que l'instruction est le premier besoin de l'homme ; que les sciences et les arts ont donné à la France une suprématie que lui a quelquefois refusée la force des armes ; que le temps , la raison et l'intérêt triomphent du caractère le plus rebelle ; et plein de ces nobles pensées , il voulut rendre le Roussillonnais digne de lui-même , digne du grand peuple auquel il avait été réuni.

A sa voix , Louis XV s'intéresse enfin à une Province trop long-temps oubliée ; les barrières élevées entre elle et le Languedoc sont renversées , et la France ne finit qu'aux Pyrénées (2).

Bientôt le commerce trouve des routes dans la plaine , des chemins au milieu de ces rochers , où l'œil attentif pouvait à peine découvrir un passage. Des ponts majestueux s'élèvent (3) ; un port abandonné depuis plusieurs siècles renaît du milieu des sables : il s'agrandit et s'étend jusques aux montagnes qui l'entourent ; il ouvre son sein à de nombreux vaisseaux ; il offre au commerce un moyen facile d'augmenter ses relations ; la marine militaire elle-même trouve un refuge au milieu d'un golfe célèbre par ses tempêtes, et le voyageur en saluant les côtes de France, rencontre les premières preuves de sa grandeur , en recevant le premier bienfait de son hospitalité (4).

Les productions de ce sol que favorisent et la beauté du ciel, et la douceur du climat, s'écoulent avec rapidité. De nouveaux sillons promettent de nouvelles richesses. Le pampre couvre de ses verds rameaux les terres que l'olivier ne peut couvrir de son fertile ombrage, ou qui refusent au laboureur d'abondantes moissons. Ces prairies, trop long-temps désertes, élèvent une nouvelle race de ces animaux si utiles aux délassemens de la paix, aux travaux de la guerre, aux besoins de l'agriculture (5). Des rapports de commerce s'établissent avec les autres Provinces, avec les Royaumes étrangers, et le Roussillon reçoit enfin, en retour de ses produits agricoles, ces produits de l'industrie, qui inspirent le goût des arts, et entourent la vie de l'homme de douces jouissances ou d'utiles agrémens.

Déjà le Roussillonnais croit avoir reçu une nouvelle existence. Tout s'agrandit à ses yeux, autour de lui tout se vivifie. L'intérêt qu'on témoigne à sa patrie, ouvre son ame à de nouvelles affections. Il connaît tout le bonheur d'être français; il se glorifie de Bayard; il pleure sur le tombeau du bon Henri ; Louis XIII n'est plus son conquérant, il est son bienfaiteur. Louis XV est son idole ; ses destinées il les unit à celles de la France, et son amour pour elle rivalisera désormais avec celui que lui ont voué les aînés de ses enfans.

Mailly, voilà le prix de tes soins, de tes travaux, de ta générosité ; mais ce n'était pas assez pour toi d'avoir conquis à ta patrie des hommes à qui l'âge et l'expérience laissaient apprécier la grandeur de tes bienfaits, tu voulus qu'en naissant le Roussillonnais apprît à la chérir, et cette pensée ta sagesse sut la réaliser.

L'homme en entrant dans la carrière de la vie, trouve autour de lui des dangers qu'il ne sait pas craindre, des écueils qu'il ne peut éviter. Son jeune cœur reçoit de toute part des impressions profondes qu'il conservera jusqu'au tombeau : malheur à lui, si dans ces jours d'innocence et de paix, il marche sans guide vers l'instant où les passions, en agitant son ame, exerceront sur elle l'empire le plus funeste. Il est destiné à ne jamais connaître le prix de l'existence ; il ne vivra peut-être que pour compter et maudire le temps. Heureux au contraire, si, dans cet âge, un appui tutélaire soutient ses premiers pas dans les sentiers de l'instruction. Cet arbre qui couvre de ses fruits le vallon des Pyrénées, livré à la nature qui le fit naître, ne produirait qu'un stérile ombrage, si une main industrieuse n'eût enté dans son jeune sein le principe de sa fécondité. Telle est l'éducation, elle achève, elle agrandit dans l'homme l'ouvrage de la nature ; elle développe en lui les principes de cette intelligence qui l'éclaire sur ses dangers ; elle lui fait chérir l'observation des devoirs et la pratique des vertus ; elle assure à la société des membres utiles, à la famille des pères et des enfans vertueux, à l'Etat des citoyens distingués ; elle élève enfin le Roi de l'Univers au niveau de sa dignité et de ses destinées.

Le comte DE MAILLY convaincu que le peuple le plus éclairé est le peuple le plus attaché à ses devoirs, s'empressa de multiplier dans la Province les établissemens consacrés à l'instruction publique. Tous les sexes, toutes les conditions furent appelés à la conquête des principes et des lumières, qu'il leur était essentiel d'acquérir. Ici, l'enfant du pauvre venait s'instruire de l'utilité du travail, et de la nécessité de la vertu (6); là, une jeunesse brillante, et destinée au métier des armes venait sous des maîtres habiles, et appelés à grands frais, apprendre en obéissant l'art de commander (7); plus loin, les leçons de l'expérience dévoilaient à de jeunes marins la théorie de la navigation, et préparaient des pilotes habiles aux bâtimens du commerce et aux vaisseaux de l'Etat (8).

Les hautes sciences eurent aussi leur sanctuaire : sous les portiques d'une ancienne Université, l'étude était sans attraits, le travail sans émulation, le succès sans récompense. Bientôt, ce monument gothique disparut, et un édifice somptueux s'éleva sur ses ruines (9). Sous ses voûtes majestueuses la religion expliquait ses dogmes, et la vertu sa morale. De jeunes élèves venaient dans le silence de la méditation interroger la mort qui leur découvrait les organes et les secrets de la vie. Hypocrate et Euclide enseignaient la science des probabilités et la science des certitudes ; la raison écrite y trouvait des commentateurs éclairés, et la nature de fidèles interprètes : ici, l'analyse réduisait les corps à leurs principes ; là, se déroulaient les sublimes merveilles des mondes, et des expériences ingénieuses expliquaient les lois du mouvement. Dans une vaste enceinte se formaient avec soin les archives de l'esprit humain. Contemporain de tous les âges, riche des travaux du monde savant, le jeune Roussillonnais y venait ajouter aux leçons qu'il recevait de ses maîtres, des leçons qu'il ne devait qu'à ses studieux loisirs. Dans un jardin embelli par les arts, la Flore étrangère croissait étonnée à côté de la Flore des Pyrénées, et l'instruction prodiguait toutes ses richesses aux enfans de notre heureuse Province (10).

Témoignages éclatans de la munificence de nos Rois et de l'amour du comte DE MAILLY, qu'êtes-vous devenus ? L'herbe croît en silence dans cette enceinte qu'une jeunesse active et laborieuse animait de ses jeux et des premiers bruits de ses travaux. Ces écoles si fréquentées, ces luttes sans dangers, ces victoires paisibles, ces couronnes brillantes (11), que tressait une main généreuse pour le front de nos jeunes savans, tout a disparu. Ah ! si la faux du temps, les orages d'une longue révolution ont renversé ce temple auguste où les pontifes de la science préparaient l'avenir de la Province ; si ce jardin, cette collection précieuse des œuvres du génie semblent n'être restés debout, au milieu de tant de nobles ruines, que pour augmenter les regrets de notre antique splendeur, le souvenir du restaurateur de nos écoles, n'en sera pas moins sacré pour le Roussillonnais. Forcé de chercher au loin une instruction que de nouveaux temps lui refusent dans sa patrie, le nom, les vertus de celui qui inspira à ses ancêtres le goût de l'étude, qui alluma dans leur sein le double flambeau de l'amour de la France, et de l'amour des arts, seront à jamais présens à sa pensée, et gravés dans son cœur fidèle et reconnaissant.

Il est un art ingénieux, qui, en charmant les loisirs de l'homme, agrandit son ame et lui apprend à se connaître lui-même. Cet art, célèbre dans la patrie des Césars et des Périclès, rendit immortels les noms de Plaute, et de Térence, de Sophocle et d'Eurypide. Le génie de Corneille, de Racine, de Molière avait enrichi de ses brillans chefs-d'œuvre le grand siècle de la France. Ils étaient encore étrangers au Roussillonnais. Il ne connaissait pas ces tableaux sublimes où le pinceau du cœur humain, chargé de larmes et de sang, imbibé des couleurs prises dans la nature, traça les plus nobles sentimens et les vérités les plus utiles. Pour la première fois Melpomène et Thalie eurent un temple dans nos murs; la scène française dût au comte DE MAILLY un nouveau théâtre, et jusques dans ses plaisirs, l'habitant des Pyrénées trouva de sages leçons et de nouveaux bienfaits (12).

La suppression des traites et des droits locaux, les progrès de l'agriculture, l'établissement des haras, la prospérité du commerce, la renaissance du Port-Vendres, la restauration de l'Université, ne pouvaient distraire le comte DE MAILLY d'un intérêt plus sacré pour son coeur généreux. Le protecteur de tous voulut être l'ami particulier du pauvre. Sa main prodigue à ces asiles où l'indigence trouve des consolations à ses douleurs et des remèdes à ses maux, les moyens de multiplier leurs secours et leur utilité. Une maison de refuge s'agrandit et reçoit dans son sein ces innocentes victimes du vice ou de l'erreur, que la nature abandonne et que la société doit recueillir. Ces êtres infortunés trouvent sur leurs lèvres un nom dont ils étaient destinés à ne jamais exprimer la douceur ; dans leurs jeunes coeurs s'élèvent des sentimens qu'ils ne devaient jamais connaître ; et c'est au comte DE MAILLY, qui remplit envers eux les devoirs de la paternité, qu'ils doivent ces douces jouissances. Un autre hospice offre, dans un repos industrieux, aux infirmités de la vieillesse la récompense d'une vie pauvre mais vertueuse (13) ; toutes les conditions, tous les âges, tous les sexes doivent à l'administrateur éclairé, à l'homme ami des hommes, un monument de leur reconnaissance ; son génie et son coeur se sont emparés de tout ce qui peut rendre, pour le Roussillonnais, le passé moins fâcheux, le présent plus utile, l'avenir moins incertain.

Ainsi,

Ainsi, sous une main protectrice s'élevait l'édifice de notre bonheur. MAILLY ne respirait que pour agrandir un ouvrage que ses vieux ans lui fesaient craindre de ne pouvoir achever. Les yeux constamment fixés sur ceux qu'à bien juste titre il appelait ses enfans, il ne les tournait vers le Trône que pour offrir à son Roi l'hommage de ses travaux, que pour appeler sur le Roussillon de nouvelles grâces, de nouveaux bienfaits. Tant de sollicitude, tant d'intérêt méritaient cependant que MAILLY connût toute la force des sentimens que son administration avait fait naître, et tout l'amour que les Roussillonnais avaient voué à leur patrie ; un événement les fit éclater dans toute leur vérité.

Consumé par la maladie plus encore que par les années, Louis XV était descendu au tombeau ; son jeune successeur à peine sur le trône eut à combattre l'éternelle ennemie de la France. Honoré de la confiance de son Roi, le comte DE MAILLY fut créé directeur - général des armées des côtes de la méditerranée. A la voix de leur chef, les Roussillonnais ont quitté leurs foyers, ils accourent en foule sur leurs rivages menacés, ils brûlent de se montrer français, de sceller de leur sang le traité de la nouvelle alliance. Tel fut toujours l'habitant de nos Pyrénées. Si on ne le vit jamais dans les jours de bonheur, servile adulateur de l'homme puissant, le fatiguer de ses discours, et l'envelopper de ses caresses ; dans les jours de danger , au poste de l'honneur, c'est au prix de sa vie qu'il aime à défendre le pouvoir qui le protège , et le Souverain qu'il chérit.

La Province désirait qu'un grand monument consacrât l'époque de sa nouvelle splendeur , et fût le gage muet, mais éternel , de son dévouement à la France. Le comte DE MAILLY, à qui rien de grand, rien d'honorable ne pouvait échapper, entendit ses vœux , et s'empressa d'y répondre. Au milieu d'un espace richement embelli par des édifices utiles, sur ce port qui devait être le berceau d'une nouvelle cité , s'éleva un obélisque majestueux. Sa flèche élancée dans les airs supporte un globe terrestre surmonté d'une fleur de lis , et montre aux navigateurs l'asile tutélaire que leur offre la plus grande des nations. Sur son socle , l'œil attentif admire la beauté des marbres de nos Pyrénées , et les ingénieuses allégories , sous lesquelles se montrent les sentimens des français et la grandeur de la France (14). Ouvrage du cœur, ce monument ne fut pas consacré à la mémoire d'un de ces Rois conquérans, le fléau de l'humanité , et la terreur de leur siècle , mais aux vertus d'un de ces Rois pacifiques que le ciel donne à la terre dans ses jours de clémence pour la félicité des peuples. Il semblait que le comte DE MAILLY , prévoyant les tristes destinées de ce Monarque infortuné , préparait des consolations à ses souffrances , en acquittant , pendant qu'il régnait encore , envers son cœur aimant et généreux, la dette des français de son âge, la dette de la postérité. Lorsqu'un bras tout-puissant se fut appesanti sur la France, lorsque ses enfans dans les pleurs, cherchaient vainement le tombeau de Louis XVI, pour y déposer un hommage de regrets et de douleur; ce monument, fidèle image de la patrie, dépouillé de ses trophées, mutilé par des mains sacriléges, abandonné sur un triste rivage, n'était entouré que de silence et de deuil. Ah! si ses marbres épars, sa fleur de lis renversée attestèrent trop long-temps le triomphe du crime, et l'absence de nos Rois, bientôt rendu à sa splendeur première, qu'il annonce, et la fin de nos désastres, et la restauration du Trône de St.-Louis, d'Henri IV, et de Louis XVI! Puisse-t-il encore annoncer la fin de nos dissensions civiles, et la réunion de tous les français autour d'un autre Louis, deux fois le sauveur de la France, non par la force des armes, mais par l'ascendant des vertus (15) !

Soixante ans de services, un grand nombre de campagnes, des actions d'éclat, des commandemens importans, devaient être récompensés par ce Souverain, à qui son peuple donna le titre de père. Presque aux derniers jours de l'ancienne monarchie, le comte DE MAILLY reçut de ses royales mains le bâton de Maréchal. Justice, honneur, reconnaissance, vous imposâtes à ce héros de la fidélité, des devoirs qu'il sut remplir au prix de sa vie. Mais gardons-nous de laisser éclater d'indignes regrets : mille fois heureux le soldat de l'honneur , lorsque son dernier jour éclaire son plus beau triomphe (16) !

Bientôt cette France si heureuse , si florissante sous le sceptre de ses Rois , aspire à une gloire nouvelle , à un autre bonheur. Elle craint de confier au pouvoir qui avait dompté l'orgueil et le despotisme des grands vassaux , affranchi les communes , entouré le Trône du plus noble éclat, les changemens que commandaient encore les lumières du siècle et les voeux d'un grand nombre de citoyens. Le peuple veut renverser de ses propres mains les restes de ses institutions gothiques, vieux monument sappé par l'opinion , ruiné par les temps , et dont les derniers débris semblaient n'exister encore que pour rappeler l'ancienneté de la monarchie et l'histoire de ses premiers âges. Il veut élever lui-même l'édifice de toutes les libertés publiques, et le nouveau trône de son Souverain ; le français se leva pour fonder, mais sous son nom les factions s'armèrent pour détruire. Telles sont trop souvent les destinées des révolutions : présentées aux peuples comme le gage de leur bonheur, l'ambition les prépare , la crédulité les embrasse, les passions les exécutent, le crime les consomme , et l'infortune les suit.

Déjà , aux chants d'allégresse qui ont signalé les premiers jours de celle qui, du cahos de l'anarchie , devait précipiter la France dans les chaînes

du despotisme le plus hideux , ont succédé les voci-
férations du crime et le silence de la mort. Cette
France où brillaient les beaux arts , où régnaient
toutes les vertus ; cette France , l'orgueil de ses
fils , et l'amour des nations , n'est plus qu'une arène
sanglante où combattent toutes les opinions , où
triomphent tous les partis. La faction de la veille
est vaincue par la faction du lendemain ; et du
milieu des ruines et des tombeaux s'élance une
faction régicide , dont les hurlemens et les premiers
efforts attestent l'attentat qu'elle médite.

Les malheurs qui désolent la patrie , les dangers
qui menacent son Roi , ont rallumé dans le vieux
guerrier le flambeau de la vie près de s'éteindre. Il
a retrouvé toute l'énergie des sentimens , toute la
vigueur du jeune âge. Loin du Roussillon qu'il ne
doit plus revoir , et qui perdit avec lui son bonheur
et ses espérances , MAILLY refuse avec courage les
commandemens confiés à sa sagesse ; il ne vit que
pour attendre le jour où il pourra verser, avec quelque gloire , les dernières gouttes de son sang pour
la France opprimée, pour son infortuné Souverain.

D'illustres proscrits , des soldats de la fidélité ,
des victimes de l'anarchie et de la fureur des factions , ont déployé sur l'autre rive du Rhin ce
drapeau blanc , étonné d'avoir quitté la France ;
autour des colonnes du Louvre le crime seul lève
sa tête impie, et laisse éclater jusques dans les palais
des Rois , sa joie féroce et ses projets parricides.

MAILLY ira-t-il à côté de ses Princes, ses Rois à venir, offrir à la patrie le sacrifice incertain de ses derniers jours ? Fidèle à l'infortune comme il l'est à l'honneur, bravera-t-il une mort assurée en dévouant ses derniers momens à la défense de son Roi ? Son choix n'est pas douteux, c'est auprès de Louis qu'il attendra sa dernière heure.

Par ses exploits dans la guerre, par la sagesse avec laquelle il avait rempli dans la paix des fonctions importantes, MAILLY avait assez fait pour sa gloire : cependant dans cet âge où l'administrateur et le guerrier ne trouvent que dans les temps écoulés les titres de leur célébrité, dans cet âge, où ses organes affaiblis, ses pas chancelans, son corps penché vers la tombe, montrent l'homme se survivant à lui-même, le vieux français sut conquérir une gloire nouvelle, et prouver que le coeur ne craint pas les ravages du temps. Depuis quelques années il avait cessé de se présenter dans les cercles brillans de la Cour. Comme le voyageur, au terme de longues fatigues, il aimait à se reposer au milieu de quelques amis, dans le sein de sa famille, en jouissant d'honorables souvenirs. Mais cette Cour n'a plus de jours prospères, les courtisans se sont cachés ses défenseurs ont porté loin de la France leurs armes et leur courage ; ses Princes sont proscrits ; son Roi gémit presque dans les fers, mille dangers en menacent l'entrée ; MAILLY n'éprouve qu'un seul besoin, celui d'y reparaître. A toute heure, à tout instant, il vient prodiguer ses consolations à l'in fortuné Louis XVI , et fidèle à ses sermens , lui montrer le cœur qu'on doit percer pour parvenir jusqu'à lui. Ainsi, lorsque tout oublie qu'un mortel a vécu , un ami vertueux vient errer autour de ses cendres , et déposer sa douleur et ses larmes sur un sépulcre abandonné.

Quelques mois se sont à peine écoulés , et le 10 Août a porté dans le Louvre le carnage et l'incendie. L'heure du combat a sonné ; le Maréchal de France est au poste de l'honneur , où l'appellent ses devoirs, ses affections et ses sermens. A la tête de quelques sujets fidèles , il a juré de s'ensevelir avec eux sous les ruines de la demeure royale , déjà veuve de son maître. Une populace effrénée n'a pu le vaincre ; la volonté de Louis l'a désarmé. Cette volonté suprême enchaîne le dévouement et la bravoure, et le premier Trône du monde est renversé sur ses antiques bases. Au milieu de ses augustes débris, le crime dans son affreux triomphe trouve MAILLY tristement appuyé sur son épée. Nouveau Bayard , sans peur comme sans reproche, il présente son cœur aux poignards : il appelle de tous ses vœux la mort qu'il ne peut conquérir les armes à la main. Etonnés de tant de grandeur, les assassins s'arrêtent : la mort recule devant lui , pour laisser au noble preux , au français fidèle le prix de ses vertus et de son courage , l'honneur de partager jusques dans son trépas les infortunes de son maître , et les destinées de son Roi.

Jetons un voile épais sur les horreurs de cette journée , qui vit la férocité s'abreuver de sang, et sacrifier à son délire la fidélité sans défense. Mais que l'histoire consacre à jamais le souvenir de ces hommes généreux qui , cachés dans les rangs d'une horde régicide, osèrent prendre les livrées du crime pour tromper sa fureur ; de ces hommes que la Providence choisit dans la foule obscure des citoyens, pour arracher aux poignards des jours dont sa sagesse n'avait pas marqué le terme , pour prouver à l'univers que la révolution n'avait pas déshérité le français de ses antiques vertus.

Le sang coulait à grands flots ; le Maréchal avait vu tomber auprès de lui M. de Pomars , son jeune frère d'armes ; le glaive était déjà levé sur son coeur ; lorsqu'un simple artisan, reconnaissant à ses cheveux blancs un vieux soldat de la monarchie, s'attache à lui, l'entraîne , traverse avec sa conquête la foule des assassins , et rend son vertueux chef à une famille éplorée, lorsqu'elle croyait n'avoir plus qu'à pleurer sur son tombeau. Quel est ce Français généreux ? Quelle récompense a-t-il sollicitée ? Il s'est caché dans son action sublime , comme le scélérat se cache dans le forfait le plus odieux. Le Maréchal l'a vu refuser les témoignages de sa reconnaissance,

il ignore jusqu'à son nom ; et la pensée de ne pouvoir acquitter la dette de son cœur , comblera d'infortune les jours que la Providence lui permet
encore de compter.

Cependant les prières de l'amitié, les larmes de
sa famille le forcèrent d'aller cacher au fonds d'une
Province , et sa tête toujours menacée, et le berceau de ce jeune fils , aujourd'hui le seul héritier
de son nom, comme de ses vertus et de son courage. C'est-là que le français pleurait sur les malheurs
de la France , le sujet fidèle sur le tombeau de son
Roi. C'est-là qu'il attendait la fin de cette horrible
tempête , dans laquelle l'infortuné devait périr.

Poursuivi par un de ces proconsuls sanguinaires ,
par un de ces ministres de la mort , dont l'horrible mandat fut d'ouvrir dans toute la France de
vastes tombeaux , et d'y engloutir tout ce qu'elle
possédait de talens et de vertus; le nom , les services , la fidélité du Maréchal furent ses crimes ;
il fut condamné à porter sur l'échafaud sa tête inno-
cente, et l'histoire de ces temps de malheur fut
souillée d'un nouveau forfait.

Que le moment de la mort est terrible pour le
coupable, qu'il est tranquille pour l'homme qui ,
en paix avec sa conscience, peut tourner ses derniers regards vers le passé, et contempler la carrière
qu'il a parcourue, sans être troublé par le souvenir
des maux qu'il a causés, par le spectacle des pleurs
qu'il a fait répandre. Aux portes de l'éternité , le

Maréchal calme, comme au jour de combat, descend dans son cœur, interroge sa vie, s'écrie avec l'accent de la vérité et la force du jeune âge : *je meurs fidèle à mon Roi, comme le furent mes ancétres*; il voit sans effroi la hâche suspendue sur sa tête, et livre son ame à Dieu et sa tête au bourreau (17).

Ainsi fut terminée la vie de ce noble et généreux français; cette vie que tant de combats avaient respectée, que tant de vertus devaient encore défendre. Mais l'espérance du crime sera trompée : il n'a pas péri tout entier celui qui fut l'orgueil de nos armées et l'amour de nos cités. Au-delà du trépas, il est une nouvelle vie pour l'homme, qui, par ses actions généreuses, par ses vertus bienfaisantes a laissé des droits sacrés à la reconnaissance de ses contemporains, à la vénération de la postérité. C'est sur ces bases que repose l'immortalité du Maréchal DE MAILLY. Lorsque de nouvelles guerres reporteront les armées françaises au-delà de nos frontières, elles retrouveront ces nombreux champs de bataille qui furent témoins de ses exploits ; et tous rappelleront ses talens et sa bravoure. Lorsque le voyageur parcourra les Pyrénées, le Roussillonnais, dans sa tristesse, lui montrera ces augustes ruines qui attestent que le père de famille n'est plus ; lorsque, enfin, les jeunes fils de cette Province chercheront à apprendre les lois de l'honneur et du devoir, la carrière brillante et glorieuse, la mort sublime du Maréchal, seront le modèle qu'elle offrira dans son amour à leurs premières méditations ; ainsi, celui qui fut à la fois soldat fidèle, administrateur éclairé, français vertueux, recevra le seul éloge digne de lui ; ainsi se répéteront à jamais ces bénédictions et ces vœux qui accompagnèrent tous les jours qu'il passa sur la terre.

Et toi, qui, dans ta justice as désiré que tes générations nouvelles apprissent tout ce que tes générations passées durent de splendeur et de gloire à ton illustre protecteur, qui voulus consacrer à sa mémoire un monument de ta reconnaissance, ô ma Patrie, daigne accueillir l'hommage qu'un de tes enfans ose dépose au pied de tes autels ! S'il n'eût fallu que célébrer la splendeur de la naissance, les faveurs de la fortune, ou l'orgueil du pouvoir, jamais ta main n'eût soulevé le voile funèbre qui couvre le tombeau du Maréchal DE MAILLY ; jamais ta voix n'eût réveillé le silence et l'oubli endormis sur ses cendres ; jamais ce faible Essai n'eût vu le jour, si le travail de l'imagination eût dû suppléer à la multiplicité des hauts faits, qui seront toujours le premier et le plus beau des éloges. Mais quand la vérité promettait tout son intérêt, tous ses charmes au pinceau du citoyen, répondre à tes vœux fut un besoin, de son cœur. Puisse, ô ma chère Patrie, l'esquisse que j'ai tracée en tremblant, produire quelques sentimens dignes de ta, grandeur ! Puisse , le tableau d'une vie pleine de travaux et de vertus , conserver dans le cœur de mes concitoyens ce feu fidèle et sacré qui ne doit jamais s'éteindre pour ta gloire et pour ton bonheur !

NOTES.

(1) On ne saurait de maison encore subsistante qui puisse montrer des traces de son ancienne splendeur, comme celle DE MAILLY : *Lamorlière, antiquités de la ville d'Amiens.*

Déjà, en 1050, Anselme DE MAILLY commandait les armées des comtes de Flandre, il partagea depuis avec Dreux de Coucy, la régence de cette Province , étant parent du comte de Richilde : *Encyclopédie* au mot MAILLY.

On lit encore ce témoignage éclatant du Roi LOUIS XV, dans les lettres portant érection du comté DE MAILLY, du mois de Janvier 1744 : « il s'agit , dit ce Roi , de la conservation de » l'une des plus illustres maisons de notre Royaume, alliée à » notre maison Royale et à plusieurs autres maisons souve-» raines , distinguée depuis plusieurs siècles par les grands » services et les grands emplois de ceux qui en sont issus ».

(2) Antoine DE MAILLY fut tué , en 1522 , au combat de la Bicoque ; Edme et Louis DE MAILLY périrent, en 1562, l'un devant Rouen, l'autre au siége de Romans : François, fils d'Edme, fut emporté d'un coup de canon au siége de la Fère , en 1580 ; Philippe, son petit-fils, après s'être distingué à la bataille d'Avein, en 1635 , mourut à la fin de cette campagne ; Nicolas, son frère, fut tué au siége de Dixmude , en 1647 , et Jean-Baptiste DE MAILLY perdit aussi la vie à la bataille de Steinkerque : *généalogie de la maison* DE MAILLY.

(3) Le comte de MAILLY entra au service en 1726. Il commença ses campagnes, au siége de Kell , en 1733 , comme lieutenant de la compagnie des gendarmes écossais ; fit celles de 1734 , 1735 , et obtint la croix de Saint-Louis en 1740.

Dans la guerre de 1741 , il se distingua à l'attaque de Danurens, au siége de Braunaw , et reçut le grade de brigadier en 1743 : *extrait des lettres de Maréchal de France , accordées au comte* DE MAILLY , le 14 Juin 1783.

(4) Un régiment de cavalerie et un autre de dragons venaient d'être mis en désordre par un corps de cavalerie des ennemis ; il fond sur cette troupe à la tête de 150 gendarmes , et la

repousse jusques dans ses lignes. Une troupe d'infanterie marche au secours de ce corps, elle est culbutée à son tour ; il charge de nouveau la cavalerie qui s'était ralliée, la met en fuite une seconde fois, et reprend 40 officiers faits prisonniers ; 94 gendarmes perdirent la vie dans ces différentes charges, et le sieur comte DE MAILLY y eut un cheval tué sous lui : l'honneur qu'il s'y était acquis lui mérita les éloges du feu Roi, à qui il fut présenté après cette action, et qui lui accorda une pension de 3000 f. : *extrait desdites lettres.*

Ce fut après ce beau fait d'armes que Louis XV lui adressa les mots flatteurs rapportés dans l'ouvrage : Comte, vous avez fait des prodiges à la tête de ma gendarmerie, je saurai vous en marquer ma satisfaction : *extrait des archives de l'Université de Perpignan, procès-verbal de la séance du 2 Juillet* 1786.

(5) Les lettres de Maréchal de camp furent délivrées au comte DE MAILLY, le premier Mai 1745.

(6) Il passa en Italie en 1746, et il commanda un corps de réserve, qui, après l'affaire d'Asti, contint les ennemis sur le Tanaro. La colonne droite de l'armée fut sous ses ordres à la bataille de Plaisance, et battit les ennemis qui lui étaient opposés, les força dans leurs retranchemens sur la Trébie, et emporta le château d'Orsolengo, mais le centre de l'armée ayant été défait, et sa colonne se trouvant coupée à revers, cela n'ébranla pas son courage ; sachant que l'armée faisait sa rentrée sous Plaisance, il se détermina à marcher vers cette ville, il déploya dans cette occasion tous les talens qu'on pouvait attendre du général le plus expérimenté, et le plus brave : un corps de cavalerie tente vainement de lui fermer le passage, il le charge, perce à travers les ennemis, leur enlève 4 pièces de canon, fait 150 prisonniers, et rejoint l'armée : *extrait des lettres de Maréchal de France.*

(7) Dans la retraite de l'armée il assura le passage du Pô, brûla les ponts de ce fleuve, et contribua à l'avantage que remportèrent nos troupes au Tydon : *extrait des archives de l'Université de Perpignan.*

(8) Le commandement d'une partie des arrière-gardes de l'armée lui fut confié depuis Genève jusques en Provence ; et il contribua à la défense de cette Province, ainsi qu'à la reprise des îles de Sainte-Marguerite : *extrait des lettres de Maréchal.*

(9) Les troupes du Roi de Sardaigne éprouvèrent sa valeur au passage du Var. Il y força deux de leurs bataillons : *extrait d'ibid.* ; il commandait alors une des cinq colonnes de l'armée : *journal du règne de* Louis XV, *partie* 2, *page* 47.

(10) Il servit à l'affaire de l'Assiette, à la tête de la colonne gauche de l'armée. Le corps sous ses ordres, y perdit 1875 hommes ; il y reçut un coup de feu à la cheville du pied : *extrait des lettres de Maréchal.*

(11) Commandant l'arrière-garde de l'armée, il marcha avec les grenadiers vers Briançon, et il contint les ennemis ; il établit des retranchemens de dix lieues d'étendue : *extrait* d'*ibid.*

(12) Il fut créé lieutenant-général, par lettres du 10 Mai 1748.

(13) Il fut pourvu du commandement du Roussillon en Août 1749 : *extrait* d'*ibid.*

(14) Il se trouva à la bataille de Hastenbeck, et la seconde colonne de droite qu'il commandait emporta une batterie des ennemis : *extrait* d'*ibid.*

(15) La bataille de Rosbach, si fatale à la France, donna un nouvel éclat à sa réputation, et il s'y signala par des prodiges de valeur à la tête de deux brigades de cavalerie; il fit partager notre perte aux ennemis, tailla en pièces leur gendarmerie, et ne fut fait prisonnier qu'après qu'il eut été blessé à la tête, d'un coup de sabre, et renversé à terre sans connaissance : *extrait* d'*ibid.*

Frédéric rendit à ses talens et à sa bravoure la justice qui leur était due, dans des termes les plus honorables, et rapportés dans l'ouvrage. Ce Souverain instruit de sa générosité qui le fit dépouiller de toutes ses richesses, et prendre à la banque de France des sommes considérables pour soulager les blessés, les officiers et soldats prisonniers, conçut pour lui la plus haute estime : *extrait des archives de l'Université de Perpignan.*

(16) Le prince Henri de Prusse voulut, pendant qu'il était prisonnier, le faire servir par sa maison ; et ne l'ayant pas rencontré, lors de son voyage à Paris, il lui témoigna, par ses lettres, les regrets de ne pouvoir continuer à lui donner des preuves de son estime : *extrait* d'*ibid.*

(17) M. le Maréchal DE MAILLY fait prisonnier, mais renvoyé sur parole, se rendit peu de temps après à l'armée d'Allemagne; après avoir été échangé, il fit les campagnes de 1760, 1761 et 1762, et se trouva aux affaires de Corback, de Soëst, d'Ienna, de Filinghaussen, à la reprise de Cassel, et aux combats de Grebestein, de Friedberg et d'Amenebourg : *extrait des lettres de Maréchal.*

(18) A la journée de Grebestein, le jeune DE MAILLY, son fils, combattit pour la première fois, et fut pendant tout le combat à côté de son père.

—————

(1) Louis XIII fit la conquète du Roussillon sur les espagnols en 1642. Cette Province fut définitivement réunie à la France, à qui elle avait déjà appartenu, par le traité de 1659, connu sous le nom de traité des Pyrénées.

(2) Après sa réunion à la France, le Roussillon continua d'être gouverné par son code particulier, et conserva tous ses

priviléges ; il ne reçut aucune institution française. Le Maréchal DE MAILLY obtint la suppression des traites et de tous
les droits locaux , et par là cette Province cessa d'être réputée
Province étrangère ; ce fut le plus grand bienfait pour son commerce qui commença alors à prendre quelque développement.

(3) Depuis le commencement de son administration , le comte
DE MAILLY avait senti la nécessité d'établir un pont sur le Tech ,
torrent qui traverse la route de Perpignan au Port-Vendres ;
mais , par des circonstances particulières , ce travail fut conduit avec beaucoup de lenteur ; il était cependant bien avancé
en 1789 ; des matériaux immenses étaient déjà sur le bord du
Tech, tous mis en œuvre , les piles étaient achevées ; encore quelques années et un beau pont aurait assuré la communication
entre deux points bien intéressans pour le commerce , mais ce
travail a été abandonné depuis la révolution.

(4) Le Port-Vendres fut rétabli , et magnifiquement orné par
le Maréchal DE MAILLY ; il y fut dépensé des sommes trèsconsidérables.

(5) Ce fut au Maréchal DE MAILLY que le Roussillon dut l'établissement des haras.

(6) Ce fut par sa protection que fut rétabli le couvent des
enseignantes , où les jeunes personnes peu aisées recevaient une
éducation gratuite.

(7) L'école militaire de l'académie, où les seuls enfans des
nobles étaient admis , fut créée en 1753; on y enseignait les
mathématiques , l'escrime , l'équitation , etc.

(8) Une école d'hydrographie fut aussi établie au Port-Vendres.

(9) Le Maréchal DE MAILLY fit construire l'édifice de l'Université. Outre les chaires de philosophie, de logique , de jurisprudence , de médecine et de théologie , il y avait encore des professeurs de physique et de chimie ; on y trouvait un amphithéâtre pour la chirurgie démonstrative , des cabinets de physique expérimentale , d'histoire naturelle , et d'instrumens de
chirurgie , une bibliothèque publique que le Maréchal enrichit
de ses dons , et pour laquelle il obtint un exemplaire de tous
les ouvrages qui s'imprimaient au Louvre.

(10) Le Maréchal se dépouilla du jardin des plantes en faveur
de l'Université. Louis XV ratifia ce don par lettres-patentes.

La reconnaissance de l'Université avait placé sur la principale
entrée cette inscription :

CONCESSIT FUNDUM LODOIX, ET MALLIUS HORTUS.

(11) Le Maréchal DE MAILLY avait fondé , en 1779 , des prix
annuels pour l'Université; ils consistaient en deux médailles
pour chaque Faculté , l'une d'or et l'autre d'argent.

(12) La ville de Perpignan lui dut la première salle de
spectacle régulière qu'elle ait possédée.

(13) Les hôpitaux furent l'objet de sa constante sollicitude. Il s'occupait particulièrement de l'hôpital de la miséricorde, dont il assura et augmenta les revenus ; il obtint pour cet établissement de grands bienfaits de son Souverain.

(14) L'obélisque du Port-Vendres fut élevé en 1780 ; on y lisait l'inscription suivante :

DU REGNE DE LOUIS XVI :

« Ce port sera à jamais un monument de sa bienfaisance, » un refuge à toutes les nations, un asile à la marine mili- » taire, et un motif de reconnaissance envers un monarque » qui ne règne que par ses bienfaits ».

AN. M. DCC. LXXX.

Cet obélisque a 12 pieds de base sur 80 de hauteur, son sommet est élevé à 100 pieds du niveau de la mer, et peut en être aperçu à plus de dix lieues au large ; le socle et le pavé de son pourtour sont de marbre rouge et blanc de Ville- franche ; le dé et l'obélisque en marbre blanc d'Estagel, en Roussillon, les draperies, poupes de vaisseaux et tortues en bronze doré.

L'obélisque est terminé par un globe terrestre, couronné d'une fleur de lis ; ce monument est entouré d'une grille, aux quatre angles de laquelle sont des piédestaux qui portent des trophées allégoriques aux quatre parties du monde.

(15) Le conseil général du département des Pyrénées-Orien- tales a voté une somme considérable pour la restauration de l'obélisque du Port-Vendres dans sa dernière session. A cette restauration sera attaché un souvenir bien précieux, celui de l'administration de M. le Marquis Ferdinand DE VILLENEUVE, préfet actuel.

(16) Le comte DE MAILLY reçut le bâton de Maréchal le 14 Juin 1783.

(17) LOUIS XVI confia au Maréchal DE MAILLY, en 1790, le commandement des 14e et 15e Divisions militaires, et le com- mandement de l'une des quatre armées décrétées. Il donna sa démission le 11 Juin même année, lorsque l'assemblée exigea le serment civique. Malgré son grand âge, lorsqu'il apprit, le 10 Août, que le Roi était en danger, il se rendit aux tuileries, et dirigea la défense du château. Lors du massacre, il fut sauvé, comme il a été dit dans l'ouvrage. Il fut arrêté quelques jours après et conduit à sa section ; un commissaire s'opposa à ce qu'il fût envoyé à l'abbaye. Le Maréchal et sa famille se retirèrent alors à Mareuil. Arrêté de nouveau le 26 Septembre 1793, il fut transféré à Arras, où il fut décapité le 25 Mars 1794. Il monta sur l'échafaud, et dit avec force : *Je meurs fidèle à mon Roi, comme moururent mes ancêtres :* LACRÉTELLE, FELLER, *Dictionnaire historique.*, etc.

FIN.

www.ingramcontent.com/pod-product-compliance
Lightning Source LLC
Chambersburg PA
CBHW061328060726
47596CB00003B/1149